청사포 驛

흑산포驛

이용철 시인 세 번째 시집

이로제
EROJE BOOKS

# 시인의 말

청사포에는 역驛이 없습니다.
기차는 멈추지 않고 지나갑니다.
해무가 동해남부선을 덮고,
기차는 희뿌연 안개 속으로 사라집니다.

소년은 청어를 굽습니다.
함박눈이 내리는 골목에
청어 굽는 냄새가 퍼집니다.
골목엔 낮 동안 지나간 발걸음 소리 들립니다.

외길 인생 삼십 년,
부킹으로 먹고살았습니다.
이 말에 가슴이 아프게 저렸습니다.
살아가는 일은 누구에게나
외롭지만 거룩한 마라톤입니다.

소년처럼 호기심을 잃지 않고
배우고 행동하며 나아갑니다.
집현전 학자처럼 공부하고,
만화 주인공처럼 살고자 애씁니다.

함께하는 여행은 짧습니다.
절벽 끝에서 뛰어내릴 때가 있어도
간절하면 날개가 돋을 것입니다.

도시, 히말라야 언덕에 나부끼는
'타르초' 앞에서 만나는 사람들에게
'나마스테' 두 손 모아 인사합니다.

하루하루, 순례길 위에서
부엔 카미노(Buen Camino)!

2025년 여름

이용철 시인

차례

시인의 말 • 4

제1부	당신인가요	14
울지 않는 새	발이 부었네	15
	반달	16
	가을 혼자	17
	막내 생각	18
	부부	19
	구리반지	20
디카시	서울의 달	21
	꽃같이 별처럼	22
	울지 않는 새	23
	샘물 마르면	24
	저물녘	25
	다락방	26
	달마중하다	27
	옥탑방	28
	청사포에 가면	29
	고래의 눈물	30
	겉	31
	식구잖아	32
	어떻게 죽을까?	33
	흐려지다	34

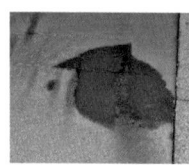

제2부
청어 굽는 소년

일반시

청어구이	36
나무처럼	37
풍경 소리	38
나분이 마을	39
바람으로 떠돌다	40
베다	41
열다섯 소년	42
산짐승처럼	43
통곡의 나무	44
꽃씨, 날려가다	45
은어 튀김	46
아버지 말씀	47
이로제履露濟	48
이음	49
도꾸	50
늘보	51
악어 키우기	52
다래꽃	53
자연사가 아니라	54
잊는 법	55
초승달	56

제3부	공부하지 맙시다	58
공부하지 맙시다	눈물 흘리세요	59
	사막 언덕	60
	감.사.하.	61
	겨울 뼈	62
	꼭두각시	63
	어깨동무	64
디카시	다시	65
	밑받침	66
	벗은 버리지 않는다	67
	동지	68
	이름도 없이	69
	디딤돌	70
	삐딱해라	71
	맨발	72
	무음	73
	독거獨居	74
	못 본 척	75
	찬란한 꽃	76
	살면서 깨닫지 못한	77
	이파리 한 장	78
	흙은 힘이 세다	79

제4부
청사포 우체국

일반시

청사포 우체국	82
풍금 역驛	83
부산포 그 후	84
동래읍성 별빛 아래	85
수영성 느티나무	86
북장대	87
갈모산방	88
도시에 낙타가 산다	89
뿌리	90
빼다	91
사원寺院	92
새벽 민락항	93
상대성 올무	94
연꽃 섬	95
신의 음성	96
소리 공양	97
잡어雜漁	98
감사합니다	99
오월의 울음	100
옛날 선생	101
칼 들어갑니다	102

제5부 **부킹으로 먹고 살았습니다**  디카시	부킹으로 먹고 살았습니다	104
	끼니	105
	핵분열	106
	영역 싸움	107
	허리 굽혀	108
	구두 한 짝	109
	둥근 마음	110
	마실 가요	111
	길 위에서	112
	담물	113
	가을밤	114
	갈 수 없는 곳	115
	대명동 골목	116
	아빠!	117
	시작업詩作業	118
	예일대	119
	순장殉葬	120
	울력하다	121
	콩나물 세대	122
	와불 님	123
	화순 댁	124
	늙은 제비	125

제6부
자작나무 편지

일반시

자작나무 편지	128
반가사유상	129
풀벌레처럼	130
이별 중입니다	131
백암산 고지	132
핏빛 갯벌	133
발해 농장	134
쇳꽃	136
창끝을 녹이다	137
껴묻거리	138
꽃살문	139
큰절	140
사람, 아름다웠던	141
두더지 토굴	142
다시 집에 오지 못할 것이다	143
언어의 끝	144
마블링	145
완경完經	146
기절 노트	147
만년필 도둑	148
종점에서	149
화장火葬	150

디카시

제1부
울지 않는 새

당신인가요

당신이 다녀간 줄 알았는데
몸에서 봄이 돋아났어요

살갑게 껴안았다가
바람보다 먼저 비워낼게요

풍경마저 잊히겠죠

발이 부었네

낮 동안
바빴던 골목이

노을에
부은 발을

바다에 담그네

반달

무거운 짐 벗어 던지고
하루에 등을 기댑니다

서울 비탈진 골목에서
달 보며 부르튼 발 만지는
자식들이 떠올라

가을 혼자

노벨문학상으로도
의사 처방전으로도
떠나는 가을 막지 못해

감나무밭에서
혼자 오래 앓고 있네

막내 생각

자식 중에도
어리고 약한 놈에게
안쓰러운 손길 가듯이

만져보고 쓰다듬는
엄마 마음

부부

달라도 서로 기대며
함께 녹슬어 갑니다

사랑이란 모래알 씹으며
낡은 손등에 강물 지난 흔적

서로 가련하게 바라봅니다

구리반지

사랑은
가만두어도 영원히 빛나는
다이아몬드가 아니라

매일 닦아야 하는
녹슨 구리반지다

서울의 달

서울 하늘 아래
밥벌이하는 자식들

밤늦게 일하고 있는데

아비는
달 보며 오래 기다리네

꽃같이 별처럼

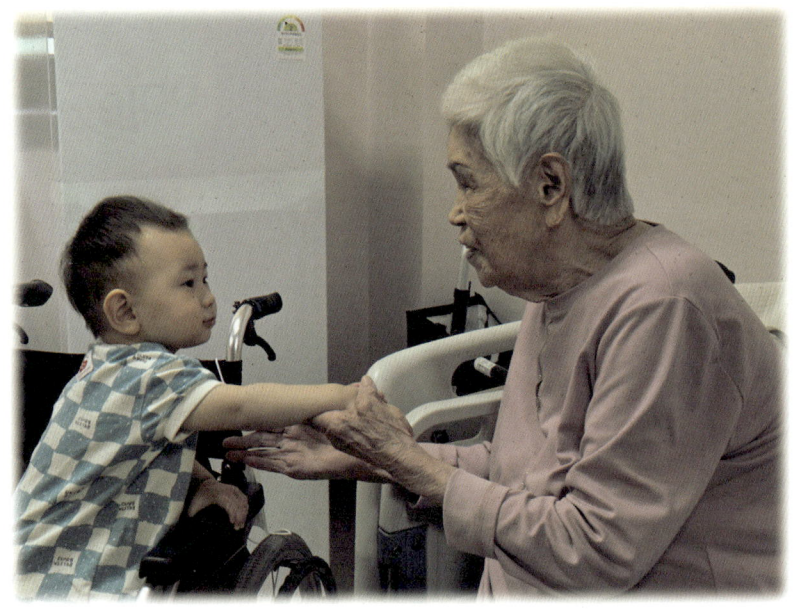

기저귀에서
지팡이로 살았습니다

핏줄의 힘으로 갈채 받았고
웃음 지으며 이어갑니다

꽃같이 별처럼

울지 않는 새

새 한 마리 방에 갇혔네

눈물 파랗게 흘려도
새는 울지 않았네

뜬눈 지새우는 어미 새
발바닥이 허물어지네

샘물 마르면

요양원 아기 남편 만나
몸이 남아 있어 손을 잡는다

기억의 샘물 서서히 마르면
몰랐던 시절로 돌아가리라

나물 캐던 봄꽃 처녀로

저물녘

내 안에 샛강 흐르니
물풀 돋아나고

쇠물닭 하루를 건너는데

산 그림자는 무늬도 없이
제 몸을 거두어 가네

다락방

햇살은 머물지만
사람은 떠납니다

한뉘 담았던 소쿠리에
해가 지고 달이 뜹니다

바람이 기웃대는 빈방

달마중하다

성냥갑에 살다가
단독주택 지었어요

우뚝 언덕에 부모님 모시고
아이들과 들길 쏘다니다가

밤에는 달마중도 하고

옥탑방

지붕 없는 방

새들 쉬었다 가고
바람이 슬쩍 들여다보네

달빛에 젖은 채
홀로 눈물짓는 곳

청사포에 가면

그대 있을까

눈발 펄럭 바다로 뛰어내리면
눈물 울컥울컥 솟구치고
파도는 퍼렇게 몸 뒤척이는데

등대처럼 서 있던 그대

고래의 눈물

폐타이어 삼키고
버린 그물과 바늘에 엉켜
새끼가 죽어서 나왔어요

가자!
사람 없는 먼바다로

겉

바깥을 지킨 것들
뜯겨 버려지는구나

고갱이 안고 버틴 속울음
땅에 스미고 거름 되어

새봄을 밀어 올리리라

식구잖아

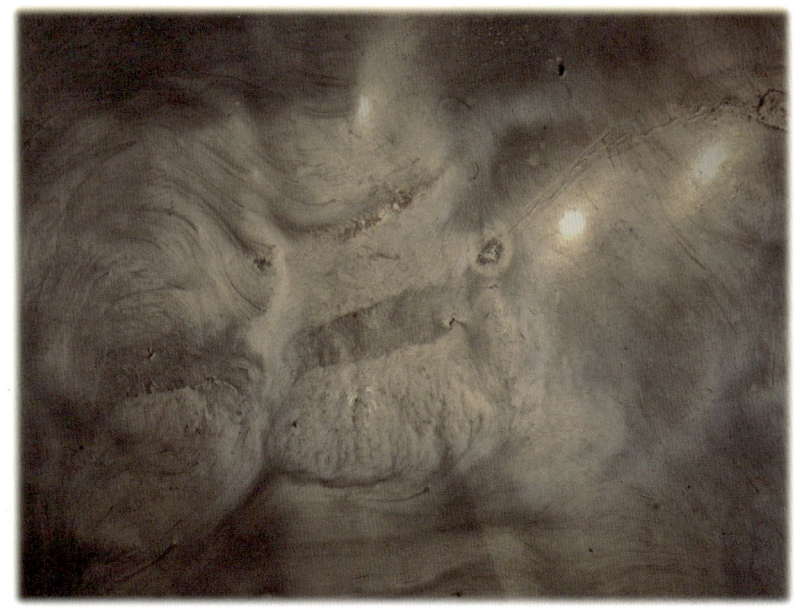

암세포와 싸우다가
문득 함께 먹는 식구잖아

껴안아 쓰다듬었더니
꽁했던 녀석 뒷머리 긁적이며

사춘기 지난 아들처럼 얌전하네

어떻게 죽을까?

마지막 순간에도 웃으며

말려서 굳기 전에
사랑을 믿고 서로 껴안아
허리 구부려 저항한 당신

선비처럼 꼿꼿한 당신

흐려지다

아기 코끼리가 엄마 찾아
몇 날 며칠 걸어서 물가에 도착했지만
어미는 상아 뽑힌 채 누워있었네

아기가 어쩔 줄 몰라 얼굴 비비는데
탕! 탕! 탕! 젖은 눈 끔벅끔벅 흐려지네

일반시

제2부
청어 굽는 소년

청어구이

벚꽃이 눈처럼 흩날리고
미나리 줄기 거칠어지면

연탄불에 청어를 굽는다
수많은 아픔을 석쇠에 올리며

울음 마른 편지를 불 속으로 던진다
누렇게 바랜 웃음도 뒤집으며

연탄구멍에서 꽃이 핀다
꽃은 강을 스치며 안개로 스며들고

강이 몸살 앓는 소리에
청어는 시커멓게 돌아눕는다

청어 꼬리에 봄눈이 너풀거리고
그해 봄은 **뼈**만 남았다

나무처럼

우리 사이 바람길 터서
가까워도 말본새 바르게 하고
제멋대로 굴다 탈 나지 않도록

몇 년 어울려 술 마시다 보면
형님 동생하고 의기투합하지요

늘 좋을 수는 없잖아요
그림이 다르면 짜증을 내고
언짢은 마음에 서늘해지죠

때론 잘못 알아 옥생각해서
토라진 표정으로 돌아서면
원수처럼 지내기도 한답니다

나무를 보세요
아름다운 간격 지키며
햇살 고루고루 나누면서

제자리에 우뚝 서 있잖아요

풍경 소리

심술 고약한 사람이 아프게 하면
마음에 풍경을 달겠습니다

눈 감고 천년을 누워있는
석불의 여민 두 손이 되겠습니다

눈길을 맨발로 걸어가며
홀로 쓸쓸한 뒤편 밑바닥에 닿겠습니다

흙바닥에 무릎 꿇고 엎드려
뱉었던 무수한 화살을 맞겠습니다

눈을 감고 내 안에서 울리는
천둥소리 고요히 듣겠습니다

나분이 마을

때리지 마세요
월사금 가져올게요

어둑어둑 집으로 가는 길
냇가에 앉아 돌을 던진다

호롱불 아래 숙제하면서도
입이 떨어지지 않아

해 뜨면 책보자기 메고
솔치이끝 돌아 분교에 간다

손바닥 내밀고 벌 청소 후
먼 운동장 가로질러

쇠꼴 베러
나분디이 넘는다

바람으로 떠돌다

지하도 계단에서 하룻밤
플라타너스 나뭇잎을 덮고
세상 소식 깔고 웅크려 지새웠네

우주의 중심이라 큰소리친 사람이
사라졌어도 세상은 눈 하나 깜짝 안 했고
달 뜨면 술집엔 웃음소리 가득하네

억울한 게 있어도 어쩌겠어!
삶은 불규칙한 동사라는데
개미처럼 살다가 개미굴에서 마감하네

동살 잡히자 개미는 일터로 몰려가고
새벽까지 불 밝힌 가락국수 포장마차
칼바람 따라 비틀거리며 퇴근하네

세상의 무대에서 갈 곳 잃은 나는
길 위에서 잊힌 바람으로 떠도네

베다

늑대가 달을 향해 울부짖고
몸 곧추세워 칼날 위 걷는 날들
굵은 달구비가 몸으로 쏟아졌다

칼은 번득이지 않았고
바람을 거슬러 부딪치지 않아
몸 가운데 고즈넉했다

칼은 두꺼비 꽁지 같은
오만한 가시를 잘랐고
창애에 치인 쥐 눈을 벴다

덫과 틀을 버리니
맑은 아침 햇살이 꿈틀거렸고
빈 곳에서 바람이 일어났다

떠들썩하던 말이 가라앉은 곳에
새벽 별빛이 안개처럼 스며들었다

칼은 핏빛 그림자를 닦아 온유했고
칼끝은 제자리로 입신 중정했다

열다섯 소년

가을비 지붕 끝에 흘러내리고
쭈그려 앉아 첫 담배 피웁니다

대구에서 부산으로 이사 와서
새 터전에 뿌리내리려 몸부림합니다
고등학교 입시에 고민도 깊어지고

먼 훗날이 캄캄해 잠 못 든 밤
산저 마을 정인약국 골목 안쪽
석류나무집에서 빗소리 듣습니다

자정 넘어 고요한데 빗물받이 울음
어머니는 서랍에서 아버지 몰래
청자 한 갑을 꺼내 놓으셨습니다

한 모금 빨고는 휘청 벽에 기대며
빗물이 희붐하게 부서지는 걸 보며
이날을 잊지 않기로 다짐했습니다

가을비 차갑게 들이닥치는데
담배는 오래전에 끊었지만
좋은 비유를 찾아 언어 사막을 헤매는

어머니, 저는 아직 열다섯 소년입니다

산짐승처럼

집 밖이 궁금해 외출한 뒤
돌아가지 않고 거리가 집이 되었죠

인근 아파트 담장 넘어
나무 그늘에서 캣맘이 갖다 바친
잘 차려진 뷔페로 식사를 해요

매일 황제의 삶은 아닙니다
돌을 던지거나 발길질하는 미친놈은
어느 세계나 있기 마련이니까요

저쪽 길 닭 한 마리가 다가오네요
치킨 공장에서 탈출했답니다
여기서 같이 살기로 했어요

나도 집을 떠나기로 했지
어디로 갈까, 신이 깃든 숲으로 가자
새소리에 눈뜰 거야, 고독한 산짐승처럼

통곡의 나무

푸른 하늘로 이파리 손 흔들고
새들 날아와 노래하는 큰 나무

서대문형무소 붉은 벽돌집
빼앗긴 나라를 되찾지 못하고
울분에 차 형장으로 끌려갑니다

사형장으로 가는 갈림길에
서 있던 미루나무 끌어안고
뜻을 이루지 못해 통곡했던 사람들

비록 몸은 망가져 사라졌어도
얼과 혼은 하늘에 샛별로 올라

겨레의 땅에 어둠이 드리우면
호랑이 눈처럼 등불로 반짝입니다

꽃씨, 날려가다

한 젊은이가 아파트 옥상에서
몸을 던져 꽃잎으로 흩어졌다

살갗 짓물러 손수건 흔들었지만
아무도 다가가지 않았네

피 엉긴 딱지 닦아내지 못해서
종을 쳐도 밖으로 울리지 않았다

꽃씨 심은 후 물을 주었고
매일 녹슨 밭을 괭이로 일구었네

꽃 피우려 얼마나 발버둥 쳤을까
울음 삼키며 몇 번이나 망설였을까

돈꽃이 활짝 핀 거리에서
그는 야윈 꽃씨로 날려가네

은어 튀김

사람이 죽으면 별이 되어
밤하늘에 은어 떼로 반짝입니다

낙동강 하구 다대포에 봄버들 싹 트고
남쪽물고기자리 빗금으로 뛰어내리면

여름밤 장림항 어부는 후리질하며
돌아오는 개밥바라기를 거둡니다

을숙도 민물탕집 수족관에 갇힌
수박 물고기 향이 바다로 퍼질 때면

죽은 사람이 돌아온다는 강가에
샛별이 반죽 묻히고 기름 솥으로 들어가

밤하늘을 노 저어 가면
새벽에 은어 떼가 은하수로 반짝입니다

아버지 말씀

용광로 위에서 외줄 타고
걸어가듯 순간순간 살아라

폭풍우 몰아치는 날
삽을 들고 들판에 맨발로 나서라

일이 성공하여 크게 들떠 있을 때
조용히 짐을 싸서 떠나라

적에게 포위되어 공포에 떨 때
먼저 총탄을 맞으며 길을 열어라

쇠붙이 녹이는 거푸집에 뛰어들어
쇠북으로 태어나 마을에 울려 퍼져라

마을이 깨어나 부스럭거리면
뒤를 돌아보지 말고 길을 떠나라

마을도 쇠북 소리도 모두 잊고
마지막엔 너 자신을 버려라

이로제 履露濟

우박이 내리면 정거장에
우산 들고 마중 나갔습니다

늦은 밤에는 작은 램프 불 밝혀
마을 어귀에 홀로 서 있었습니다

바람 찬 시외버스 터미널에
보따리 두어 무더기로 앉았습니다

먼지 날리는 신작로 꼬부랑 길
버스 꽁무니를 오래 바라보았습니다

새털구름 노을빛에 물드는데
손 씨 점방 의자에 하염없이 기다렸습니다

동살 부옇게 잡히자 샛별은 까물까물
이슬에 옷자락을 적시며 길을 갑니다

이음
– 강모건, 첫돌 맞이

첫울음 온기 남아 있는 터에
새벽빛이 고요히 내려앉는다
먼 조상의 심장이 함께 닿았으리

할머니 옥색 치마저고리에는
낙동강 물비늘이 반짝이고
나이테 품은 씨앗 둥근 달로 떠오른다

작은 손에 우주의 기운을 담아
돌잡이로 야구공과 연필을 잡으니
운명은 베틀 돌리며 삶을 얽고 풀 것이다

기왓장 밑 장엄한 풍경을 펼치며
먼 할아버지에서 모건이로 이어지는
숨결의 울림이 종소리로 퍼져나간다

도꾸

펄펄 눈 내리자 낑낑대던 강아지
몰래 방안 이불속에 넣었더니

그날부터 벼룩이 날뛰어
온 가족이 벅벅 긁어댔다

외지에서 온 개장수가 동네 개와
도꾸를 트럭에 싣고 가버렸다

뒤늦게 알아챈 나는 칼을 차고
진달래 산 넘어 낯선 마을로 뒤쫓았다

화령천 다리 밑 자갈밭에
열댓 마리 개가 묶여 있었다

나는 개장수에게 악을 쓰며
묶은 줄을 칼로 끊고 울며 뒹굴었다

목이 쉰 채 도꾸를 안고 개울 건너
달빛도 희미한 길을 절뚝거렸다

며칠 후 똥개 도꾸는 피똥을 싸더니
컥컥거리며 내 품에서 눈을 감았다

초등학교 사 학년 온몸이 찢긴 봄날
학교에 가지 않고 뒷산에 도꾸를 묻었다

늘보

필리핀 바기오 한 식당가
맥없이 늘어져 있는 어린 강아지

먹을 것을 주니 졸졸 따라와
주인 허락을 얻고 몰래 기숙사 방으로

절차도 까다롭고 무서운 비행기 화물칸에
나무늘보 같은 레브라스칼을 데려왔죠

그녀는 코리안드림을 이루었을까요
고양이 일곱 마리와 함께 살아가며

애견 카페에서 앙칼진 개를 한입에 물어
치료비 대면서 어깨에 별 몇 개 달았죠

필리핀 시골뜨기 강아지에서
팍팍한 서울살이 맹견이 된 늘보

나이 들어 다리 수술도 하고
주둥이가 하얗게 변하고 털도 덜 빠지네요

오랜만에 뒷산에 산책하러 가는데
눈밭에 함께 뒹굴었던 녀석, 얼굴을 마구 핥네

악어 키우기

새끼 악어를 집에서 키우려고
거실에 수족관을 마련했습니다

매일 밥 주고 물도 갈아주고
이름도 지어 꼬비라 불렀지요

점점 자라나니 집이 비좁아서
더 큰 수족관으로 바꾸었는데

어느 날 밤 꼬비가 집에서 탈출해
거실을 지나 방으로 들어왔습니다

잠결에 팔을 당겨서 눈을 떠보니
큰 눈을 끔뻑이며 나를 보고 있었죠

다음 날 고민 끝에 꼬비를 데리고
민락 수변공원 바닷가로 갔습니다

광안대교 아래 태평양으로 꼬비를 보내며
나는 눈물 찍으며 훌쩍거리는데

꼬비도 하고픈 말이 많은 듯이
입을 몇 번 벌려서 속을 보여주었지요

다래꽃

팔도시장 안 메리야스 집
김 씨가 병으로 야위어 가고

저녁에 문을 닫으며
아내가 용품을 안으로 넣는데

그는 앉아서 힘에 부치는 듯
자꾸 기대었다가 자리에 눕는다

움직이라고 그래야 살 수 있다고
아내는 악쓰며 소리를 지르고

처음엔 왜 하필 나한테 이런 병이
남 해코지하지도 않았고

크게 잘못 살아오지도 않았는데
억울한 마음, 원망 가득했었지

세상 이치가 참 불공평하구나
가야 할 때가 서로 다름을 깨달아

몸 안에 혹이 점점 커져도
눈은 맑은 사막, 다래꽃 같은 여린 웃음

자연사가 아니라

코끼리는 상아 때문에
목이 날아가 엄니가 뽑히고

고래는 거대한 살을 가져
바다의 로또라며 작살을 맞고

흑염소는 불고기로, 즙으로 먹으면
사람 몸이 타고난 힘을 되찾는다고

대게는 통통한 다리 속살로
수족관에 갇혔다가 찜통으로

사람은 우주의 우두머리라고
임금처럼 다스리며 거들먹거리다가

지나치게 탐내고 누림이 지나쳐
매일 사고로 죽어 나가는 것이 아닐까요

잊는 법

유월 비는 검은 우체통
뜯지 못한 마음의 편지 봉투
등불이 닿지 않는 강어귀입니다

가로등 위에 눈물들이 고여서
철새도 해석하지 못한 그림 문자가
우산을 펴지 않은 채 젖고 있습니다

물고기가 물에서 아프지 않듯
같은 하늘 아래 숨 쉬고 있으니
잊고자 하는 일은 또 다른 기억일 뿐

굽은 뒷모습이 달빛에 쪼개집니다
그대 없이도 하루를 견뎠는데
쏟아지는 빗속, 잘려 나간 문장처럼

나는 문밖에 서 있습니다

초승달

지하철 안에서 행패 부리던
누런 점퍼 차림 사내를 밖으로 끌고 나와

얼굴 일그러뜨리며 가만두지 않겠다고
잡아서 주먹 쥐며 윽박질렀습니다

부스스 꾀죄죄한 꼬락서니로
맨발에 여름용 슬리퍼를 신은 채
콧물도 찔끔 흘리면서 서 있었습니다

막걸리 마시며 같이 웃고 싶어서
이야기 들어줄 만한 사람한테
일부러 시비 걸며 소리 질렀다고

골목 안 선술집으로 들어가
빈대떡에 막걸리를 나눠 마실 때
누런 점퍼는 이 빠진 하회탈로 웃었습니다

잘 가시라 손 흔들고 바라본 밤하늘 초승달
사람이 그립다는 말 가슴에 밟힙니다

디카시

제3부
공부하지 맙시다

공부하지 맙시다

돈 많이 벌어 자기만 잘살려고
공부하지 맙시다

출세해서 발밑에 사람 부리고
큰소리치려는 공부 그만합시다

공부해서 이웃 눈물 닦읍시다

눈물 흘리세요

눈이 흐릿하고 따끔거려
동네 안과에 갔습니다

의사 선생님 말씀

"눈물 많이 흘리세요"
"가슴이 메말랐어요"

사막 언덕

오늘 밤에는
사막으로 걸어가겠습니다

낙타는 물가에 풀어놓고

홀로 사막 언덕에서
옹골찬 등불 하나 만나겠습니다

감.사.하.

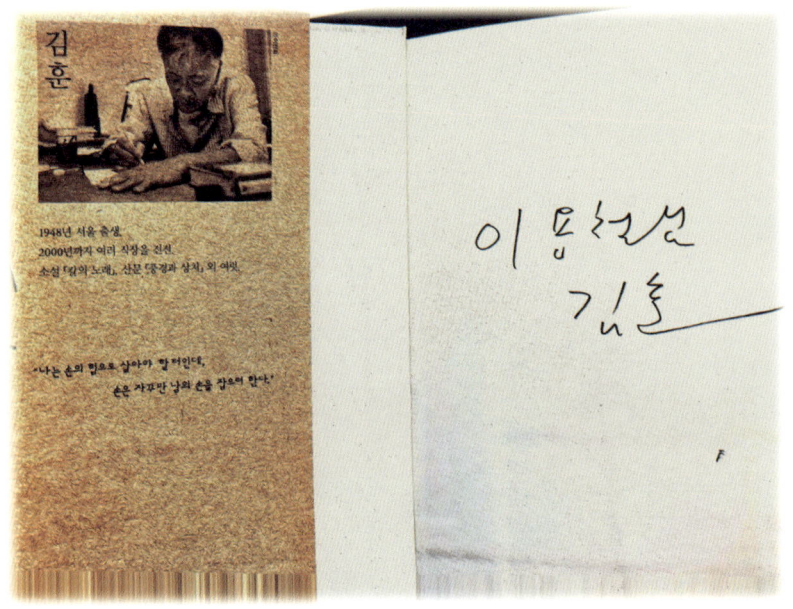

백석의 감성에 젖어서
김훈의 잔혹한 사실성에
헤밍웨이의 하드보일드를
담고자 애썼지만

가난한 내 글 앞 속울음만

겨울 뼈

허울과 꾸밈을 버리고
맨몸으로 서면
뼈가 드러납니다

겨울의 힘은
뼛속을 맑게 합니다

꼭두각시

한쪽 눈으로 세상을 보았다네
내 편 네 편만 따져 물어뜯었지

눈이 찔려 앞이 보이지 않아도

소리치는 곳 우르르 몰려다녔네
꼭두각시 유령처럼

어깨동무

함께 젖으며 걷는 길

막걸리에 취해
동무 어깨에 팔을 올렸네

비틀거리며 살았지만
남을 비틀지는 않았다네

다시

우리 집에 들어갈 수 있을까?

밑받침

한 장의 지폐로
당신을 일으킬 순 없지만

마음을 낮추면
든든한 밑이 될 수 있다고

나란히 함께 걸어갑니다

벗은 버리지 않는다

오랫동안 함께 우리 땅을 달렸던
낡은 울트라마라톤 배낭

해지고 꿰매기를 반복했지만
길의 울림을 버릴 수 없는 벗

땀의 숭고함을 가르친 스승

동지

같이 죽을 수 있다
두 눈 부릅뜨고

온몸으로
시뻘겋게 뒹굴며

이름 없이 사라질지라도

이름도 없이

성지곡수원지 제방에
일본인 토모나카 이름을 새겼네

흙과 시멘트를 지게로 날라
방죽에 벽돌을 울음으로 쌓은

조선인들은 이름도 없구나

디딤돌

마디 있는 사람을 사랑합니다
옹이 있는 사람을 사랑합니다

마디 없이 큰사람 될 수 없고
옹이 없이 단단한 사람 있을까요

마디와 옹이를 디딤돌 삼는 사람

삐딱해라

낯선 세계가 궁금한
청개구리가 자동차에 올라

호기심이 말라버려
만년필이 멈춘 시인에게

천둥소리로 외칩니다

맨발

한강에 모두 던지고
눈물 하나 없이 돌아갑니다

어둠을 지나던 달이
강물 등지고 가는 그녀에게

잠시 맨발을 보여주었습니다

무음

땅속에서 버텨 온
컴컴한 시간

매미 허물 벗고
나무둥치에서 울듯

바닥에서 무음입니다

독거獨居

홀로
외로움 견디는 힘

끌어당기지 않고
끌려가지도 않는
고요한 중심

못 본 척

기브미 초콜릿 외쳤던
한국동란 후 우리를 보는 듯

가족을 등에 지고 밥을 구합니다
주면, 동네 주민 벌떼로 달려들어

가슴 아프게 고개 돌리며

찬란한 꽃

생채기가 있어야만
자라서 아무는 법

울음 아문 자리 새살 돋듯

흉터는 부끄러움이 아니라
나이테 같은 찬란한 꽃

살면서 깨닫지 못한

마침내 찾았어요
하늘이 맺어준 인연
마지막에 만났네요

떨어져서야 깨달았어요
우리가 지닌 아름다운 문양을

이파리 한 장

새벽 배송 온 택배 차량

수만 년 전에 떨어진 나뭇잎
땅에 묻힌 동물이 같이 버무려진
곰삭은 힘으로 움직였구나

우주의 별빛을 품은 이파리의 힘

흙은 힘이 세다

피도 눈물도 없는
고리대금업자 앞에 농부가 앉았네

거대한 돈 힘에 저항하듯
오이와 호박이 나란히 어깨동무하네

돈이 흙을 이길 수 있을까

청사포 驛

일반시

제4부
청사포 우체국

청사포 우체국

함박눈이 세상을 지우는데
파도는 숨을 멈추었고
빙산처럼 얼어붙은 바다의 가슴

회색 외투 입은 한 사내가
바다 주름을 접고 걸어와
굽은 어깨로 우체국 문을 민다

성에 낀 유리창 숨결은 희미한데
엽서에는 낱말이 비틀대며 기어간다
"네 없는 세상에 숨 쉬는 것은 죄였다"

겉봉투에 받을 주소를 쓸 수 없지만
수신인은 '사랑해'라는 은하수 중 하나
바람이 우체부 되어 배달해 주기를

붉게 물든 청사포, 까치 한 마리
푸른 씨앗을 물고 날아올라
저녁 짓는 연기 달맞이 언덕을 넘는다

풍금 역驛

동해남부선 굽은 철길 위로
바다 안개가 철컥철컥 소리 내며
홀로 서 있는 사람에게 스며드는데

파도는 푸른 건반 두드리며
풍금 소리로 옛이야기 풀어놓아
손길 같은 물결이 바람에 실려 가네

닿은 사랑보다 떠나는 게 더 아프듯
낡은 맞이방이 텅 비어 아릿해 오는데
이름을 부르는지, 등이 젖어온다

나무 의자에 앉아 녹슨 어제를 닦는다
풍금, 청춘의 흑백사진 이야기는
청사포 역을 빠져나와 바다에서 울려 퍼진다

부산포 그 후

흐린 바다 너머
겨울새들이 몸부림하다가
기진해 뭍으로 돌아왔다

낮게 엎드린 섬 뒤에는
보이지 않는 적들이 웅크리고
바람에 풀들이 서걱거렸다

전쟁이 나자 붙잡혀 간
우리 백성이 화살받이가 되고
아비와 자식이 적이 되어 싸웠다

화포로 적선을 침몰시킬 때
썰물에 떠내려가는 적의 병사들이
우리말로 살려달라 외쳤다

살아남은 아이들은 적의 말똥에
섞여 있는 곡식 낟알을 발라 먹었고
남쪽 바다 위에 해는 늘 새롭게 솟아올랐다

사백삼십 년 지난 부산포에
죽은 백성들이 고향에 돌아오듯
파도는 물골 너머 울부짖으며 뒤치었다

동래읍성 별빛 아래

통합병원 병동의 밤은 깊어
링거액에 달빛이 스며들었다
동래읍성, 저문 바람 끝에
쇠 비늘 갑옷 찢긴 거친 발소리

남과 북, 비무장지대 철책 사이
함박눈이 내리는 새벽녘에
수류탄이 불꽃 토하며 흩어질 때
어머니를 부르는 희미한 아우성

그 사이에 칼과 총은 손을 떠났고
가죽신과 군화는 해져 먼지가 되었네
불에 그을린 깃발과 눈에 묻힌 편지를
천년의 바람이 사르듯 어루만졌다

해뜨기 전이 가장 어둡고 차디찬 법
당신의 영혼이 나에게로 이어져
우리의 핏줄은 끊어지지 않았고
어둠 속 빛나는 등불, 샛별이 되었다

수영성 느티나무

수영성 새벽, 칼바람이 성문을 때렸다
캄캄한 물결 더미로 왜구가 밀려들었고
징 소리가 하늘로 붉게 찢겨 울리자
나는 맷돌 심장으로 검을 휘둘렀다

칼끝이 지나간 자리는 울부짖었고
왜구가 물러갔지만, 까마귀 떼 소리
돌담 아래 투구 벗어 칼을 내려놓으며
소금기 마른 까슬한 얼굴 쓸어내렸다

바람에 헝클어진 읍성 느티나무는
속울음 억누르는 듯 부들거렸다
나는 둥치 바라보며 노모의 마른기침과
아이들 맑은 웃음소리를 떠올렸다

검붉은 피 머금은 장검이 꿈틀거렸고
심장이 불쑥 뜨거워져 칼을 움켜쥐었다
나팔 소리 성벽에 쿵쿵 울려 퍼졌고
겨레 숨결 깃든 동래읍성, 나는 일어섰다

북장대

벚꽃 댕기가 마을에 흩날릴 때
비상 소집 나팔이 메아리쳤고
창 들고 서둘러 군막으로 달렸다

장졸 광대뼈는 회색빛이 짙고
병기를 굳게 잡았지만, 말이 없었다
살길과 죽는 길이 나눠 있는 듯했다

몇몇은 뒷산으로 달아났고
눈알 굴리던 늙은 병졸은 튀어
칼 뺀 장수 외침 아련히 흩어졌다

집이 불탔고 산과 강이 울부짖었다
조총 화약 냄새에 활줄은 떨었고
고을 길은 핏물로 질퍽거렸다

저 문으로 가면 사는 길인가
죽음의 목구멍으로 빠져드는가
여기서 창검으로 싸워야 하는가

동래성 군관 어깨에 멘 칼이 웅웅거렸다

갈모산방

뇌졸중으로 거동이 불편한 박 씨가 사는
반지하 단칸방에 폭우가 들이닥쳤다

창문을 타 넘어 빗물이 댐 방류하듯 쏟아지자
이웃집 김 씨가 러닝 속옷 차림에 달려오고

빗속에 젖은 목소리가 울려 퍼지자
원룸 청년이 스패너 들고 뛰어왔고
건너 주택 할아버지 망치를 쥐었다

창틀 걷어내고 갈비뼈 드러난 김 씨
빗물 헤쳐서 솜보다 무거운 박 씨를 업고

영차영차 밖으로 몸을 내밀자
동네 주민들 박 씨를 안고 당겼다

도착한 구급차에 실려 출발했는데
얼굴에 빗물 훔치며 다들 수고했다고

그냥, 동네 사람들 아무 일 없는 듯
집으로 돌아갔다 흠뻑 젖은 채

도시에 낙타가 산다

별빛이 쏟아진 사막에서
아무도 알지 못하게 쓰러지자
바닥엔 차디찬 월세가 뒹군다

건물이 모래언덕처럼 쌓였고
그 사이 오르막을 걷다가
지하철 빼곡한 칸에 갇혀 끌려간다

의사는 다짜고짜 쉬라고 말하지만
고개를 끄덕이며 귓등으로 흘린다
싸움보다 휴전해야 한다는데

다시 아침이면 모래 위를 걷는다
다행이라 위로하지만 씁쓸한 커피 맛
그들은 시선을 재빨리 거두어 간다

허리뼈가 모래처럼 부서질 듯 저려도
이 도시에서 할 수 있는 건
죽는 날까지 모래언덕을 뛰는 것뿐

물 한 모금 눈물 한 방울 없이
낙타가 비틀대며 쓰러지자
이웃은 날쌔게 등짐을 챙겨 간다

뿌리

언 땅 헤치고 바위를 빙빙 돌아
두더지 앞발처럼 뭉툭하게

아비의 손은 상처가 굳은살 되었네

잠든 어린 두더지 한번 쓰다듬고
밥을 찾아 새벽길 찬바람과 맞서네

전등알이 희미하게 배웅하는
반지하 철제 미닫이문 앞에서

낡은 작업화 질끈 매면
갈라진 뒤꿈치에서 핏줄이 돋네

봄기운 새싹이 움트는 어스름 길
갓밝이 버스에서 아비 머리가 출렁거리네

먼 길 나섰던 아비가 길러온
찬밥을 먹고 진달래가 붉게 웃고 있네

빼다

눈에 힘을 빼니
담장 밑 바람에 비스듬히 누워
떨고 있는 민들레 갓털이 보였습니다

어금니에 힘을 뺐더니
가슴에 품었던 칼이 말랑말랑
흙에 스며들어 들풀로 돌아났습니다

주먹 펴서 손목에 힘을 빼면
악수하지 못했던 손에서 싸리꽃 내음
나란히 손잡고 세찬 강을 건넜습니다

어깨에 힘을 뺏더니
서먹했던 친구 눈빛이 봄날 같았고
무거웠던 등짐이 나비보다 가벼웠습니다

구두 벗어 발끝에 힘을 빼면
단단히 굳었던 뒤꿈치 열리고
맨발로 걸으니 땅이 하는 말이 들렸습니다

사원 寺院

몸에는 강이 흐르고
물고기 강물을 거슬러 오르네

해가 일어나고 달이 넘어지고
바람이 휘청대고 봄비가 아파하네

천둥과 번개 몰아치면
피할 곳 없어 맨몸으로 맞는 곳

지나온 길 벌판의 끝에서
나그네는 무릎 꿇고 기도하네

몸은 향을 사르고 참회하는데
그 몸은 마침내 그곳에서 떠나네

언제인지 몰라도 몸이 몸을 낳아
강이 흐르고 물고기가 돌아올 것이네

새벽 민락항

먼바다에서 달려오는 노을 속
새들은 울면서 바다로 날아갔고

느린 햇살이 갯고랑에 비쳐
물비늘 반짝이며 찰랑거립니다

울면서 사라졌던 새들이
아침에 금빛 햇살을 받으며

새벽에 그물을 걷은 어부들과
안개 속 파도 넘어 돌아오는데

뭍에서 아낙과 조무래기들
모닥불 피우며 등대처럼 서 있습니다

바닷새는 부둣가에서 끼룩대며
떼를 지어 부리를 비비고 있습니다

고양이 가족도 구석에서 바다를 봅니다

상대성 올무

나비를 살린 것인가
거미 밥을 빼앗은 것인가

산길 허공에 걸린 흰나비
거미줄에 매달려 온몸으로 퍼덕인다

몸부림칠수록 줄이 더욱 옥죄는데
거미는 멀리서 때를 기다리고 있다

나비를 구하러 엉킨 줄을 끊고
몸을 감쌌던 끈끈한 액을 닦았다

나비를 풀 위에 놓았더니
가볍게 날갯짓하더니 부르르 떨었다

나비가 다시 날 수 있을까
이웃 나비가 주변을 맴돌고 있었다

거미는 굶어야 하는가

연꽃 섬

섬은 바다에 솟은 낙타 혹
바다가 목이 마르면 섬은 낮아집니다

바다에 남편을 바친
여인들 눈물방울이 섬이 됐습니다

바다는 흉터를 갖고 있다가
흉을 감추고 싶을 때 태풍을 일으킵니다

떠돌이 새가 섬에서 텃새 되었지만
다시 시베리아로 날아갈 채비를 합니다

깊은 밤 눈물의 기차를 타고 내려와
자신을 찾고자 섬에 홀로 깊숙이 가둡니다

섬은 바다에 핀 연꽃입니다
바다에서 돌아오는 어부들이 설핏 보았던

신의 음성

남들 출근 후 1310호 그 남자를
다시 만난 곳은 아파트 재활용장이었다

비닐과 플라스틱을 가려 넣을 때
그는 비닐장갑을 끼고 음식 쓰레기를 들었다

서로 눈이 마주치자 음식 쓰레기통을
등 뒤로 돌리며 얼굴을 피하는 듯했다

딴짓하다 들킨 소년처럼
우린 쑥스러워하며 손을 빠르게 놀렸다

늙은 남자들은 재활용장에서 만나게 된다
퇴직 후 가정에 충실하다는 말을 듣고 싶어

마누라 잔소리는 신의 음성이다
그도 나도 매일 은총을 입어 구원받고 있다

우린 이미 착한 제자가 되어 입구에서
등 돌려 신이 깃든 곳으로 몸을 돌린다

맨발에 재활용 통을 공손히 들고서

소리 공양

산죽이 춤을 추며
빗자루로 낙엽 쓸 듯 노래합니다

까치와 까마귀가 자리다툼 하며
창을 두드려 아침을 깨웁니다

안개가 동살 퍼지자 소리 없이
산마을로 낮게 깔려 내려옵니다

마을엔 쇠죽 끓이는 연기 피어올라
늙은 소는 울음에 젖은 소리를 길게 내고

가을 산이 마음 달뜬 여인처럼
얼굴 붉히며 한나절 웃고 있습니다

노인요양원에서 노래 몇 곡으로
잠시 기쁘게 한 일은 아무것도 아닙니다

잡어 雜漁

바다에 떼지어 몰려다니다가
그물에 걸려 뭍으로 온 바닷고기

벗어나 홀로였다면 살아남았을까
더 큰 고기에게 잡아먹혔을까

그냥 남들이 몰려가는 길 따라
생각 없이 허겁지겁 따라갔었지

산길에서 낡은 칡덩굴을 보고
뱀인 줄 알고 섬찟 놀라기도 했고

바퀴벌레 보면 징그럽다 몸을 떨었지
바퀴는 해충을 말하는 순우리말이었는데

남이 심어 놓은 유리 눈으로
세상을 비춰 보고 갈라쳤다네

알고 보면 우린 모두 잡어였네
잡어의 은빛 비늘 하나일 뿐이었네

캄사합니다

임시체류자 방글라데시 루칸 씨
기계에 소맷자락이 끼여 손이 날아갔다

병원 치료비는 회사에서 일부
보태 주었지만, 일자리에서 쫓겨났는데

고향 가족에게 알릴 수도 없고
돈 벌어 다달이 부쳐야 하는데
받아주는 공장이 없어 달빛 아래 울었다

딱한 사정을 안 망미시장 상인들이
짐수레로 시장 물건 싣고 옮기는 일로
쉬쉬하며 십시일반 거두어서 품삯을 주었다

한쪽 팔로 수레 끌고 구석구석 다니면
떡도 주고 어묵도 먹이고 김치도 싸주며

용기 잃지 말고 살아라 한마디씩 하니
손이 없는 루칸이 소매로 눈물을 훔쳤다

고개 끄덕끄덕하며 캄사합니다!

오월의 울음

오월은 가정의 달이라고
한우를 싼값에 내놓았네

가족을 위해 몰려든 장터엔
날카로운 칼날이 바삐 번득이고
몸뚱이는 해체되어 값이 찍혔네

등심, 안심, 갈빗살, 채끝, 설깃살,
익숙한 듯 낯선 이름을 담으면
바구니에서 살점이 붉은 몸빛을 쏘았네

젖은 눈 끔뻑거리며 아우슈비츠로
끌려가는 소들은 서로 귀를 핥으면서
이번 생의 마지막 인사를 나누었네

불판 위 지글거리며 살이 익어가고
입안에 육즙이 촉촉이 퍼질 때
목구멍에서 울음소리가 터져 나왔네

저 울음의 힘을 어디에 쓰고 있는가
문득, 바라본 오월의 눈부신 하늘

옛날 선생

　군사독재 시절 선생을 시작했습니다. 남자 고등학교에서 야구방망이 들고 다녔고 어긋난 녀석들 많이 맞았습니다. 그것이 정석인 줄 알았습니다. 야간자율학습을 경쟁적으로 시켜 죽기 전에는 나갈 수 없었고, 집에는 잠시 갔다가 새벽에 봉고 타고 등교했습니다. 대기업 직원보다 더 열심히 일하고 밤늦게 집에 오면, 어린 자식이 낯선 아비를 보고 울면서 도망갔습니다. 당황스러웠지만 부끄럽지 않았습니다. 일요일에도 등교시켜 교회 목사님과 많이 싸웠습니다. 학생들은 목욕할 시간을 달라고 아우성쳤습니다. 무더운 여름 광복절 날 밤에 아이스 캔디 쉰여덟 개를 우리 반 교실 창문으로 넣고 도망치듯 나왔습니다. 소녀들은 늦은 밤 울면서 하드를 먹었다고 말했습니다. 스승의 날에는 학생들이 쓴 편지를 한 명씩 읽으며 같이 훌쩍거렸습니다. 아, 꽃이 핀 초여름 토요일 오후 학교 운동장에서 삼겹살을 굽고, 비빔밥 파티를 했습니다. 고기를 쌈에 싸서 서로 입에 넣어주면서.

칼 들어갑니다

땅의 주인은 풀입니다. 풀은 생명을 먹여 살립니다. 오월의 들과 산은 온통 푸릅니다. 시골 작은 밭에도 풀이 들불처럼 들고 일어나 주인 행세를 합니다.

오월은 풀과 전쟁을 치릅니다. 호미와 괭이로 풀 뽑기 작전을 펼칩니다. 땅과 풀에 신고합니다. 경건한 의식으로 군가 '행군의 아침'을 부릅니다. "동이 트는 새벽꿈에 고향을 본 후 외투 입고 투구 쓰면 맘이 새로워."

땅에 엎드려 절을 올립니다. "칼 들어갑니다." 외치며 풀을 캡니다. 호미질에 풀은 저항하듯 진한 풀 내음을 내뿜습니다. 땅도 갈라진 살갗을 드러내며 아파합니다.

한 고랑 작전을 마치고 땀을 닦으며 쓰러진 풀을 봅니다. 풀도 물끄러미 나를 바라보며 채소를 잘 키우라는 눈빛입니다. 밭에서는 풀과 풀 사이에 늘 마음이 괴롭습니다. 잡초라는 이름에 칼을 넣어 캐내야 합니다.

디카시

제5부
부킹으로 먹고 살았습니다

부킹으로 먹고 살았습니다

외길 인생 삼십 년
부킹으로 먹고 살았습니다

가슴 찡한 저 말에
강의실에서, 도서관에서
나도 부킹(booking)하며 살았습니다

끼니

밥을 얻으려 미끼를 매단다
밥 속에 감춰진 바늘

서로 잡고 잡히며
한뉘 팔자로 끌려다녔네

한 움큼 숙명처럼

청사포 驛

핵분열

가마솥은 나무들 화형식
전기솥은 원자들 폭파식

김을 칙칙 내뿜는다

나무가 타며 앓는 소리
핵분열이 터지는 외침

영역 싸움

짐승은 발자국 남기고
쉬하며 영역을 표시한다

식구 먹여 살리려고
구역 지키며 목숨 걸고 싸운다

의사도 짐승

허리 굽혀

눈물이 왈칵 났네
젊은 날을 밟는 듯

온몸을 던져
기어가며 살아남았네

희뿌연 길 헤치며

구두 한 짝

강과 바다가 만나는 곳에
그녀가 고단한 한쪽 발을 벗고
새 삶을 찾아 떠났습니다

걸어온 길이 가라앉으며
자꾸 뒤를 돌아봅니다

둥근 마음

혼자 잘살겠다는 욕심 버리니
웃음이 절로 났고

함께 나누어 먹었더니
마을이 환해집니다

당신 껴안은 둥근 마음까지

마실 가요

산수유꽃 노랗게 피어나면
동네 아가씨 가슴 물들고

꽃내음에 이끌린 총각들
살며시 손길을 내밀어

달빛 아래 어울려 강강술래

길 위에서

늙수그레한 아들은 만화책
백발 엄마는 털목도리 개고

청송 사과 바구니에 담아 놓고
모자는 길에서 밥을 먹는다

하루 팔면 밤길 떠나고

담물

담이 눈물 흘리네요
무슨 사연 있었나요?

담쌓고 지내던 사람
마음 열어 벽 무너뜨려서

가슴은 자줏빛으로 물들고

가을밤

날개 다친 새 돌아오고
나그네 지친 몸 숨어드는 곳

고추잠자리 불시착하는데
기러기 떼 지어 떠나는 곳

사랑 잃고 쓸쓸히 돌아오네

갈 수 없는 곳

보이지 않는 곳에서
갈 수 없는 아련한 곳으로

눈 감으면 먼 곳 아니어도
손길 닿지 않는 먼 빛이기에

가을 저녁 붉어 그리운 먼 곳

대명동 골목

눈물 머금고 바라본
골목길은 희붐한데

낮 동안 무거운 발 지나가고
빗소리 타닥타닥 슬레이트 지붕

소년은 안중근처럼 살겠다고

아빠!

구두 뒷굽에 불이 나도
이번 달 실적 올리지 못했네

밥벌이가 목덜미 움켜쥐어
가로등 골목길에 비틀거릴 때

"아빠!" 하고 부르는 목소리

시작업詩作業

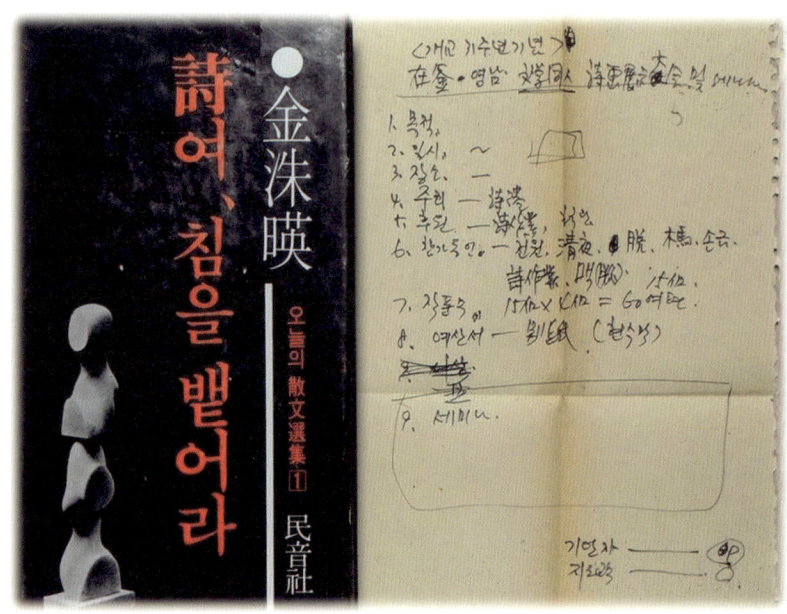

문학 앓던 청년 시절

말들을 뱉지 않고 모아서
안으로만 삼켰는데

가슴에 오래오래 품었더니
절寺이 되었네

예일대

예전 일 그대로 하는
예일대 출신에

일주일에 닷새는 출장
지역 특산품 선물로 가져오지

여인들이 꿈꾸는 최고 신랑감

순장殉葬

벌레 먹거나
흠이 있는 것

미리 떨어지거나
저항하는 놈

제멋대로 생긴 이단아

울력하다

벌레 먹은 배춧잎 사이
숨어 있던 갈잎을 빼내는데

꿈에 오신 엄마

"약 치지 말아라
애벌레 몫이 넉넉하게"

콩나물 세대

콩나물 교실에서
콩나물시루 같은 수업 받아
콩나물처럼 자란 우리

물만 주어도 쑥쑥 자랐고
따뜻한 콩나물국도 되었지

와불 님

피치 못할 사정이 있었겠지요
두 개 별이 하늘과 땅에서 부딪혀
한쪽이 번쩍하고 탔습니다

길 위에 하늘 이야기 남기고
와불 님이 되었습니다

화순댁

절벽에 굽이치는 강물
밭에서 보낸 눈물 젖은 삶

해넘이에 밥을 지으며
길 위에서 말린 볍씨
한 톨이 품은 우주를 안다

늙은 제비

젊은 시절 밖으로 떠돌다가
병 얻어 집에 돌아온 후
보살핌으로 기력 좀 회복하더니

백구두에 중절모
쫙 빼입고 사냥 나갑니다

일반시

제6장
자작나무 편지

자작나무 편지

한때 나는 겨울 호수였네
몸속까지 얼어붙은 물 위로
말들이 고드름처럼 꽂혀왔네

나는 부서진 얼음을 쓰다듬으며
동굴 같은 어둠을 헤쳐 나아갔네
발등이 베어 상처가 드러났지만

하얀 숨을 마신 나무는 새벽을 뚫고
은빛 껍질 벗으며 속살 드러내자
햇살이 그곳에 새살처럼 내려앉았네

용서는 잊는 게 아니라 버리는 것
바람이 차갑게 스친 상처투성이에
허물이 눈물처럼 하얗게 빛났네

이제 아픔은 거북 등에 새기고
진눈깨비 알싸하게 흩날리는 날
나는, 겨울 숲이 되어 서 있네

한 그루 자작나무가 되어

반가사유상

돌아서 걸어오는 길
눈이 펑펑 쏟아지고
그대가 사무치게 그립습니다

우두커니 서서 문득
하늘을 올려다보니
겨울 새가 떼를 지어 날아갑니다

거리에 뒹구는 나뭇잎도
밤이 지나며 야위어가는데
나무는 눈물 삼키며 지켜만 봅니다

천 도의 열을 견디었던 흙
숨 쉬는 장독이 되었듯이
천년을 기다리면 돌에 연꽃이 피겠죠

하늘 닫히고 바다가 바닥을 드러내
모두 떠나가고 사라질지라도
홀로 그대만을 바라봅니다

풀벌레처럼

비 온 뒤 젖은 풀잎 아래
몸을 숨긴 작은 풀벌레 한 마리
잎맥의 눈물 끝을 핥으며
눌러 담은 제 울음을 마시네

별빛은 멀고 바람은 낯선데
고요한 가슴 밑바닥에서
찬 샘물을 두레박에 퍼 올리면
학의 은빛 날갯소리로 반짝이네

지워버렸네, 나를 덮은 그림자를
태워버렸네, 눈물의 낡은 껍질을
찢어져 흘린 피 울음이 터져 나오면
햇살 같은 숨결이 들녘으로 퍼지네

우리는 한때 풀벌레 무리였네
어둠을 등에 지고 풀잎에서 합창하면
우주를 흔드는 미리내 물결이었네

이별 중입니다

뿌리 속 먼지들 기침하고
잎은 햇살 밀어내며
그늘을 향해 눕는다

껍질 틈에 숨을 죽이고
들꽃이 손 흔들며 돌아앉으니
내 안의 물은 소리를 멈추네

오월 산새는 어깨를 비껴가고
그늘비는 나를 적시지 않는다
빈 가지에 흰 수건만 묶은 채

바람은 악보를 그리더니
옛 그늘에서 서성거릴 뿐
푸른 잎을 돋우지 못하네

마지막 잎이 떨어졌을 때도
고개 숙이지 않았는데
사라진 자리 바람이 흉터만 남기네

백암산 고지

적 포탄 날아와 터졌고
전우들이 공중으로 솟구쳐
숲에 흩어지게 뿌려졌다

소대장님! 소대장님!
다리가 보이지 않는 김 일병
새하얀 얼굴로 쳐다본다

기다려, 내가 간다
앗, 몸이 움직이지 않네
아랫배에서 피가 울컥 쏟아지는데

전우들 앓는 소리가
탱크 지나가듯 그르렁거렸고
산이 비틀거렸고 참호가 무너져 노랗다

현 지점을 사수하라
교통호에서 전투태세를 지켜라
외쳐도 소리가 나오지 않았다

불탄 안개가 밀려와 흐릿한데
내 아우성도 아득히 떠내려가고
널브러진 전우들 위로 홀로 어디로 가는가

핏빛 갯벌

신안 갯벌에 흙물 짓밟힌 날
인민군 칼춤에 마을 오른쪽 쓰러져
논바닥에는 피 안개 자욱했네

태극기에 나팔 소리 울리자
새살로 아물지 못하고 총탄 빗발쳐
마을 왼쪽이 통곡 파도로 출렁거렸네

갯벌은 쓰라림을 기억하듯 갈라져
밀물과 썰물이 오랫동안 쓰다듬어도
얼어붙은 눈빛에 잉걸불 어른거렸네

뼛속 깊이 박힌 응어리 가시들
독침이 되어 서로 찔렀고 찔렸는데
아물지 않은 아픈 흉터 간직한 채

해거름 갯쑥부쟁이 바람에 흐느끼네

발해 농장

잿빛 강을 건너온 사람들이
가슴 한복판에, 자갈밭에,
작은 씨앗 하나 묻고 있었다

잊힌 별자리를 눈에 새기며
굽은 호미로 땅의 귀를 열고
흙 속 깊은 곳 겨레의 말을 심었다

저기 물의 숨결이 돌아온다
호수의 맥을 짚어 논으로 흘려보내니
아이들 손끝에 빼앗긴 나라 이름
꽃잎이 되어 들불처럼 번진다

바람결 따라 흔들리는 벼 이삭은
목숨 잇는 한 줌 곡식이 아니라
피 묻은 약속, 속살 같은 뿌리가 되고
총 대신 호미를 든 어깨 위에
깃발이 푸른 기운으로 나부낀다

눈 덮인 목단강 언덕 아래
꺼진 등불 울음으로 감싸안으며
젖은 외침 속에 '백산'을 묻는 밤
풀잎들 몸을 떨며 봄을 기다리는데

하지만 그대 숨결이 지나가는 날
얼어붙은 가슴에서 꽃이 피리니
여기, 발해의 옛 수도 동경성 새벽
빛날 배달겨레가 씨앗 속에서 움튼다

쇳꽃

봄의 등뼈가 부러지고
유월 단비가 잠시 울먹이며
햇살은 유리창을 조용히 핥는다

빗줄기 한 올에도 창을 닫고
개구리울음 창틀에 빗금 그으면
젖은 사슴벌레가 말없이 기어간다

뿌리는 떨면서 흙을 더듬고
잎들은 푸른 몸을 은은히 켠다
꽃비 아래 은빛 버들치 떼 흐르고

먼 길 떠나는 샛별 하나
어깨에 낡은 외투가 마르고
칼날 같은 길 위에 쇳빛 꽃잎
한두 송이 피어나고 있다

창끝을 녹이다

사람의 말은 창이다
창끝이 가슴을 찌르는데
웃었지만 속은 검푸르게 멍들었네

빈 노트는 나의 무기
참뜻과 마음결, 느낌까지 써 내려가
안추르거나 피하지 않고 휘갈겼네

내가 쓴 낱말들이 팥빙수 되어
타는 속을 조금씩 식히더니
울분 덩어리가 글에 녹아들었네

피 토하듯 쓴 노트 속 숨결이
나를 안아주며 쓰다듬은 후
맑고 고요한 본디 나로 돌아왔네

껴묻거리

가을과 겨울 사이
한 사람을 잃었네

다가갈수록 그림자는 옅어지고
울음은 밑바닥에서 숨 쉬었다

아물지 않은 마음에 햇살 한 줌
봄을 기다리며 수많은 밤을 견뎌냈네

숨죽인 나날들은 칼끝이 되어
강물마저 소리 없이 흐르던 날

우리 사이 징검다리 무너지고
찬비 속에서 시집을 같이 묻었네

강가에 갯버들이 움트는 새봄
진눈깨비 추적거리는 길을 홀로 가네

꽃살문

여름 길목에 비바람 거칠고
고샅길 우산으로 걷습니다

빗줄기 쏟아지는 언덕
전깃줄에 산비둘기 학처럼 고고한데

나지막한 절집 달구비에 아득하고
신발 젖은 채 법당 앞에 섰습니다

둥근 손잡이 구릿빛으로 반들반들하고
아프게 엎드렸던 방석 우부룩이 쌓였습니다

목수가 영혼을 빚어 짠 문짝
바람 할퀴고 별빛 스민 화엄의 바다

꽃살문에 기대어 비에 젖은 채
내 안에서 외치는 아픈 소리를 듣습니다

큰절

말 폭탄 눈보라 속에서
한 줄기 빙긋이 나비 웃음
등불로 어슴푸레 밝아오면

벽 없이 세워진 집
골목에는 들꽃이 향기롭고
문을 열어도 소리 없는 곳

말없이 온몸을 적셔오는
종소리가 집안에 울려 퍼져
닫힌 세상에 창문을 열어젖힌다

너른 품은 낮은 자리에서
아픔을 꼭 껴안아 견디고
기도는 떠들썩하지 않은 힘

단단한 돌이 아니라
숨으로 지어진 마음속 절
가운데 따스한 손길 하나

가장 큰절은 친절이다

사람, 아름다웠던

새벽이슬에 바지 젖은 채
문안드리려 고샅길 나섭니다

병든 떠돌이 개를 거두어
집 짓고 먹이고 씻기고 보살핍니다

안으로 강물이 조용히 흘러
풀이 푸르게 자라 들판을 이루었습니다

부당한 일에 파도처럼 일어나
휩쓸어 바로잡는 허리케인이었다가

들꽃을 밟거나 꺾지 않으며
어미 잃은 도롱뇽알 품고 갑니다

마침내 그늘까지도 짊어져
햇살로 길을 환하게 비춥니다

두더지 토굴

몸이 깊은 강을 건너간 후
녹슨 기계로 삐걱대다가
바쁜 세상 길에서 휘청거렸습니다

깃발이 뒤엉켜 펄럭이더니
소독 냄새 가득한 침대에 누웠습니다
창밖 가로수는 흐린 수채화

지나온 거리를 한 움큼 쥐어도
야윈 손끝으로 흘러나가 버려
어디로 가는지 알 수가 없었습니다

내려놓아 빈손이 되어야 한다기에
민들레 씨앗처럼 떠돌아다니다가
산속 깊숙이 두더지가 되었습니다

움푹한 토굴의 빗장을 밀었더니
작은 불빛 속 어둠이 깜빡거리는데
온몸을 엎드려 버리고 버렸지만

어디에도 도망갈 곳이 없습니다

다시 집에 오지 못할 것이다

  노랑턱멧새 어미가 햇살 부서지는 박 씨 밭에서, 연둣빛 잎사귀에 매달린 배추흰나비 애벌레를 물고 온다. 나무 위 작은 둥지엔 아직 세상을 보지 못한 새끼들이 노란 부리를 쫙 벌리며 떨리는 숨결로 어미를 기다린다. 어미는 바람 갈라 다시 밭으로 날고 아비는 먼 가지 끝에 앉아 눈을 깜빡거리며 맴도는 검은 그림자를 훑어본다. 봄비 내려 흙빛 고와지고 들꽃들이 잎새를 털며 다른 옷을 갈아입고 떠난다. 둥지를 안고 있던 가지가 비에 젖은 채 툭 꺾인다. 짚풀로 엮어 만든 벽엔 바람의 구멍만 남아 있다. 지붕 없는 터는 모두 떠나 텅 비었다. 싸늘히 식어버린 그 집에서 우리 다시 가족으로 만날 수 있을까.

언어의 끝

차창 밖 시월의 산하는
가을 햇살에 잘 말라갑니다

삶은 고치고 지우고 덧칠한
육필원고의 상처와 같은 것

몸 쓰는 일이 정직하고 진실함을
알게 된 나이의 몸이 되었습니다

고개 들어 하늘과 바다 사이
허공을 주름진 얼굴로 바라보았고

그리운 것은 길 위에 있어
걸으며 돌아갈 곳을 찾았습니다

저녁을 지나 어둠 속에서
두려움은 두려움을 버려 고요합니다

말로는 할 수 없는 언어의 끝
있음과 없음이 어울려 맑고 환합니다

마블링

소에겐 땅이 일터였다
봄비가 흙 속으로 스며들어
주름진 목덜미가 땅 내음 맡았고
발소리에 곡식들이 자랐는데

소는 이제 농사를 짓지 않는다
쟁기는 녹슬어 고물상으로 갔고
거추장스러운 뿔도 잘려 나가더니
들판엔 황소 없이 트랙터가 다닌다

소는 일을 잃고 정육점에 갇혔다
농부가 아닌 사육사가 사료를 바치며
암소의 붉은 살점만을 기다릴 뿐

누렁소는 가족이 아니라 고기다
부위별로 고깃결에 피어난 흰 꽃을 재며
어미 소를 찾는 음매 울음을 씹고 씹는다

완경 完經

주막에서 눈물 젖은 잔으로
우주의 순환을 얻고 잃었습니다

길 헤매며 고독을 버리고
돌아오며 사랑을 놓았습니다

사랑은 잡고 놓는 게
아니라는 걸 알았지만

옥색 허공에서 길을 두드려
강물에 노을이 비쳐 물들면

그립다는 말은 무늬가 없어
지우고 싶어도 지워지지 않았습니다

지워지지 않는 하얀 바탕에는
사랑도 미움도 걸리지 않습니다

비워서 가득합니다

기절 노트

오래전 여고 담임 선생님 시절
한 주 동안 공부한 증거 연습장을

토요일이 되면 학급 간부들이 거두어
교무실로 가져와 산성처럼 쌓았는데

짜장면 먹은 후 만년필 잉크 채우고
노트를 하나하나 읽고 검사했다

아이들은 자신의 사연을 노트 끝에 썼고
나는 답장으로 확인 도장을 찍었다

사각사각 필담에 창 너머 노을이 지고
경비 아저씨가 건물을 순찰하다가

아이고, 아직 퇴근 안 하셨네요
현관문 열어 둘까요, 곧 나갈게요

금정산은 어둠에 몸을 뒤척였고
버스에 몸을 싣고 꾸벅꾸벅 졸았다

'노트가 기적을 낳는다'라고 핏대 올렸지만
우리 반 숙녀들은 '기절 노트'라 불렀다

만년필 도둑

광안리 바닷가 커피숍에서
책 읽으며 바다 내음을 맡는다

만년필로 시를 다듬다가
잠시 화장실을 다녀왔더니

만년필이 사라졌다!

옆자리 공부하던 학생에게 물으니
시시티브이를 확인하라 말하네

꼭 필요한 사람이 가져갔겠지

그 녀석으로 썼던 시를 떠올리며
씁쓸한 마음에 바다와 헤어졌다

며칠 후 가방을 뒤지다가
바닥에 만년필이 얌전히 누워있었다

왜 그곳에 있는지 몰라도
뜻밖에 도둑이 나였구나

종점에서

나란히 앉았습니다
살아온 날들이 스칩니다
웃음보다 눈물 흘린 날이 많았습니다
청개구리 같았고 툭하면 불을 질렀습니다

되돌릴 수 없는 물 위에 마음 한 줄 띄웁니다
바람에 부칩니다, 미안하고 고마웠다고
손잡고 자주 함께 다니지 못해서 마음 아팠습니다

한 생을 다 건너왔습니다
길었지만 짧았네요, 종점에서 돌아봅니다
진실은 무엇을 남기는 걸까요

불에 함께 들어가 다행입니다
마지막은 같이 해서 고맙습니다

먼저 들어갈까요

화장 火葬

빈 승차권을 받아
플랫폼에서 기차를 기다리네

목적지 없는 바람을 쥐고
홀로 서성거리는데

배웅 나온 늙은 벗들
끼룩끼룩하는 자식들과 일가친척

몸에 꽂았던 바늘과 튜브
모두 버리고 홀가분 여행을 떠나네

뒤돌아보지 않으려 기차에 오르네
철커덕 철퍼덕 기차는 떠나는데

불을 지나네

이용철 시인 세 번째 시집

청사포 驛

펴낸날 | 2025년 8월 15일

지은이 | 이용철
펴낸이 | 이용철

펴낸곳 | 도서출판 이로제
(48211) 부산광역시 수영구 연수로315번길 16
107동 1002호
010-5520-2207, tigon082@daum.net

찍은곳 | 세종문화사
(48964) 부산광역시 중구 흑교로 71번길 12
051-253-2213~5, sjpl5898@daum.net

ISBN 979-11-991914-2-6

정가 15,000 원

※ 본지는 한국간행물윤리위원회의 윤리강령 실천 요강을 준수합니다.